젓가락에도 상처가 핀다

시와반시 기획시인선 039
젓가락에도 상처가 핀다

펴낸날 | 2025년 12월 25일 초판 1쇄

지은이 | 정원근
펴낸이 | 강현국
펴낸곳 | 도서출판 시와반시

등록 | 2011년 10월 21일 등록(제25100-2011-000034호)
주소 | 대구광역시 수성구 지산로 14길 83, 101-2408호
전화 | 053) 654-0027
전송 | 053) 622-0377
전자우편 | khguk92@hanmail.net

ISBN 978-89-8345-176-7   03810

*이 책 내용의 전부 또는 일부를 재사용하려면 반드시 저작권자와 시와반시사 양측의 동의를 받아야 합니다.
* 잘못 만들어진 책은 바꾸어 드립니다.

시와반시 기획시인선 039

젓가락에도 상처가 핀다

정원근 시집

| 차례 |

제1부 그대 기억 속의 붉은 사막은 허구였네

10 공중을 나는 물방울의 중심이 소용돌이친다
11 너처럼 울음이 된다
14 그대 기억 속의 붉은 사막은 허구였네
15 뿌리가 아프다
16 슬픈 고양이
18 살구나무를 심는다
20 지하도 입구에서 잠깐
22 달빛의 오래된 이야기
23 문을 버리다
24 슬픈 풍경으로부터
26 이별의 방식들
28 강물위에 걸린 연鳶을 보다
30 눈雪의 소묘
31 여보세요
32 벽에 대한 불온不穩한 이야기

제2부 젓가락에도 상처가 핀다

36 　어떤 잠

38 　사랑을 잃고

39 　사막의 일상에 대한 기억

40 　산에서 저수지를 만나다

42 　도시는 낮달을 버리고 있다

44 　사마귀의 뱃살은 곡선을 긋고 있다

46 　젓가락에도 상처가 핀다

47 　소리는 틈을 만든다

48 　슬픔으로 가득한 고요한 사랑의 기억들

50 　횟집을 지나다

52 　어느 날, 물소리를 들었다

54 　못난 청춘의 밤

56 　빛은 차단되지 않는다

58 　나무가 서있는 곳에서서

제3부 거울 속에는 익사한 사람들이 있네

62   무게를 다는 아침

64   불빛의 시간들

66   그 마음이

68   거울 속에는 익사한 사람들이 있네

70   몸살의 기억

72   어항 속 거북이

74   해지기 전

75   낙타가 사막을 건너 예수를 만나러 간다

76   엘리베이터 안에서

78   비는 길을 지우네

80   봄바람에 꽃잎 흩날리고

81   도라지꽃을 파는 여자

82   처음 그 자리를 위한 기도

84   겨울나무를 위하여

86   흐드러진 너처럼

88   고양이가 있는 숲

제4부 망각忘却의 형식

92　개미를 보는 풍경으로

94　망각忘却의 형식

96　여름, 소나기

98　섬을 보았네

100　꽃그늘을 지우는

102　별들이 쏟아지는 저쪽

103　죽음이 느릿느릿 지나간다

104　봄, 목련꽃에 대하여

105　쇠를 두드리다

106　손톱 깎기

108　사막의 별들은 어디로 갔을까

110　봉숭아 꽃잎

111　먼지

해설

112　비극적 일상의 고행 | 오민석

제1부
그대 기억 속의 붉은 사막은 허구였네

공중을 나는 물방울의 중심이 소용돌이친다

가는 빛 속에서 소용돌이치는 물방울이 있다.
원을 그리며 떠오르는 은빛 비늘 반짝이는 작은 물고기 같은 너를
햇살은 천천히 반사시키고 있다.
몸이 땅에 닿기 전에
너는 온 몸의 기억들을 꽃가루처럼 토해 내야 할 것이다.
측백나무 위를 날아오르는 새처럼
부풀어 오르는 지상의 창백한 빛들을 위하여
너는 스스로 감옥을 만들었는지도 모르겠다.
머지않아 눈먼 물고기 하나 땅에 스며들겠지
예고된 지상의 속박을 위하여
터져 오르는 외마디 비명을 지르겠지.

말해주겠니,
너의 비명은 어디에 닿고 있는지.

너처럼 울음이 된다

울음과 울음 사이에 너는 있다.
울음이어서 울음이 아니지만
너는 서성이는 너를 두고 울고 있다.

새의 지저귐이 그 새에게는 울음이 아닐 텐데
너는 울음으로 듣는다.

떨어지는 낙엽의 고요도
울음이 될 수 있겠지
너는 계속해서 질문을 던지고 있다.

울음이 되어야 하는 너의 마음이 울음이 된다.

찢어진 날개 때문에
피를 흘리는 나비가
너의 울음을 삼켜 버린다.

안간힘으로 붙들고 있는 울음이 있다.

멀고 먼 저별과 이별 사이처럼
몸속의 아픈 점들을 이어 붙이면
너의 몸을 빠져 나오지 못하는 울음이 된다.

등 뒤로 굵은 눈발이 날리고
순간, 어두워지는 하늘빛 속에서
다시는 오지 않을 것 같은 너의 말들이 떠다니고

잠시였지만 너는 아무것도 하지 않아도
쌓여지는 슬픔이 서로를 쳐다보지만
누구라도 떠나간 자리에 도착해 있을 것 같은

낯선 얼굴을 바라보는 듯
너의 거리가 너무 멀어서

너의 말은 울음이 된다.

그대 기억 속의 붉은 사막은 허구였네

 그대 기억 속의 사막은 허구였네. 그대 만나기 위해 나는 햇살처럼 가볍게 쇠북을 두드리며 사막을 찾았는데. 헐거운 몸을 비비며 그대는 치욕에 쫓기고 있었지. 나를 기억하지 못하는 그대는 돌아오지 않고. 잃어버린 그대 몸에는 불타버린 꽃잎만 떨어져 쌓이고 있네. 사방으로 날리는 욕망의 깃털들은 그대의 사막에 힘겹게 방울만 흔들고 있네. 나는 홀로 그대가 미워지고 모래바람은 길 잃은 자들의 상처가 되어 가고 있네.
 소멸되는 도시 속 공포에 젖은 푸른 기억은 어디 갔는가. 이제 그대가 앉아 있는 콘크리트 바닥의 붉은 피는 속 깊은 강으로 흘러 더 이상 절망에 울지 않겠지. 이 도시 어디에도 그대의 사막은 없네.

 잊어도 좋으리. 붉은 사막은 허구였다고.

뿌리가 아프다

허공에 들어 올려진 뿌리가
바위를 등지고 비를 맞고 있다.

유폐된 넋을 깨워
먼 길을 떠났던,
하염없이 세월을 보낸 중년의 남자처럼
겨울을 보내고 또 봄을 보내고
깊은 침묵이 뿌리를 당기고 있다.

스스로 꽃을 피우지 못하는 나무가
소멸하는 빗물 속에
아무렇게나 발을 멈추고

불쑥불쑥 날아오르는 상처들 어루만질 때
용서하라, 무시하며 지나가는 아픔을

슬픈 고양이

초록빛 풀어지는 떡갈나무 숲에는
뺨이 창백한 슬픈 고양이의 눈물이 고여 있다.

빛의 무리들로 따스해지는 붉은 울타리에
간밤에 네가 두고 간
별처럼 반짝이는 유리병이 사라졌어

아무도 사랑하지 않는 너를 위해
비가 와도 젖지 않는 사막처럼

긴 입맞춤으로 아름다운 노래를 불러도
울지 못하는 두려움처럼
점점 무뎌지는 눈빛들이 서성이며 사라질 때

별빛을 응시하는 푸른 눈동자는
차가운 바람이 깊은 밤을 뛰어 오르며
그림자만 흔들리는

상처뿐인 어둠을 이해할까.

이토록 견딜 수 없는 허공을 속에
눈을 감지 않고 있는 이 순간

끝끝내 닿지 않는
슬픈 고통을 천천히 놓아 주어야 할 때

일렁이는 눈물이 부풀고 있다.

살구나무를 심는다

그의 과수원은 허공에 있다.

거룩하고 지루한 계단을 올라 지상의 꼭대기에
끝이 보이지 않는 울타리를 치고 구름위에 문패를 달았다.
그곳에서는 인부도 필요 없고
숨 가쁘게 움직이며 일을 하지 않아도 된다.

헐거운 창문이 가득한 그 과수원에
말라붙은 초라한 저녁 빛에 잠이 들어도
불면의 밤이 투명하게 조여와도
하루에도 몇 번씩 살구나무를 심는다.

물을 주지 않아도 나무들은 아주 조금씩 뿌리를 내릴 줄 안다.
다 자란 뿌리들은
터져 오르는 햇빛 속에 기둥을 만들고

기둥을 단단히 잡은 출렁이는 바람을 위하여
호들갑을 떨며 지상의 꽃들에게 잎을 떨군다.

무수하게 버려지는 눈부신 꽃잎들이여
낡은 육신을 찌르는 허황한 정신이여
그가 부르는 노래가 하나씩
발톱을 세우며 살구나무를 흔들고 있구나.

노래를 듣는 자는 언제나 스스로 흔들리는 바람뿐
고요한 자들만 살아가는 그의 과수원에
셀 수 없는 계절이 지나고 또 다시 살구가 익어가도
그는 그것들은 거둬들이지 않을 것이다.

지하도 입구에서 잠깐

비에 흠뻑 젖은 사람들이 쏜살같이 사라진다.
허물어지듯 내려앉는 발길이 순간 몸을 던지는 곳
악을 쓰듯 얼굴을 흔드는 낯선 사람들의 울부짖음마저도
서로 몸을 비비며 흘러드는 혼돈의 입구

줄지어 늘어선 음욕의 사람들 사이
머리를 풀어헤친 여자들 한 무더기
불빛을 안고 천천히 흘러든다.

길에 버려진 일상의 습관들이 제 운명에 싸여
슬픈 노래로 흘러드는 유폐의 공간
스스로 만들어 버리는 자유의 감옥이다.

어둠을 잃은 불구의 이방인들
쓸쓸히 켜지는 불빛을 따라온 서러운 삶은
하나씩 계단에 쌓여지고

헐겁게 출렁이는 헛된 욕정이 느리게 가라앉는다.

존재하는 것은 슬픔을 어루만지는 것이다.

달빛의 오래된 이야기

거대한 어둠의 배후를 더듬던 흰 손
딸꾹질하며 꿈꾸던 엄마 젖살 같은
달빛이 떨어진다.

달빛은 허리 뒤틀린 강변에서
둥글게 부풀려졌구나.

이 밤이 얼마나 더 깊어야 저 달은
욕망을 버릴 수 있을까
나는 알지 못한다.

지붕 가득 생생하게 달려오는 고요가 있고
어둠으로 치장한 달빛이
악몽을 꾸며 누워 있구나.

문을 버리다

문 안에
나는 갇히어 있고
어둠은 쉽사리 달아나려 하지 않는다.

나를 버린 컴컴한 숲을 둘러싸고 있는 안개처럼
문안은 은밀히 나를 기다리는 꿈인가
멈추지 못하는 어둠이 흐르는 이곳의
반짝이는 검은 빛이 창백하다.

팽팽히 당겨진 문을 밀치고
문틈을 파고드는 미세한 욕망들 격렬히 요동치는데
고요한 어둠 속에 만들어 놓은 길은
끊임없이 나를 괴롭히리라.

어쩌면 내겐 길이 없을지도 모르는 일
나는 절대 스스로 문을 열고 나가지 못하리.

슬픈 풍경으로부터

가늘게 떨고 있는 바람은
어디에서 오는 것인지 뒤돌아보지 않아도

그 언덕으로 몸을 던지듯 일렁이던 검은 새의
투명한 옷자락을 어루만지다가
춤을 추듯 세상 모든 빛 속을 걸어와
잔설이 곳곳에 박혀있는 강변에서
내 몸의 조각들을 흔들고 있는데

눈부신 강변에 서서 나는 본다.

비밀처럼 묻어둔 싸늘한 숲속 골짜기를 걸어서
나지막이 노래 부르며 집을 떠나는 당신의 눈빛을

밤새 꿈꾸었던 속눈썹 닮은 별들은
하염없는 기다림으로 지척에서 속삭이며
물끄러미 누군가의 가슴에 그리움만 묻는 것을

길을 잃고 나를 붙잡고 있는
당신의 눈빛이 그토록 슬펐던 것은
멀리 달아나 말라버린 꽃잎들이
가쁜 숨결로 당신을 바라보고 있어서겠지.

눈이 내리지 않는 아침엔
오래된 풍경처럼 당신은 웃지 않겠지만
슬픔이 창문을 스치던 날은 기억하겠지.

슬픔은 이미 누군가의 쓸쓸한 가슴에 감추어져 있으니
더 이상 눈을 기다리는 꿈은 꾸지 않아도 되겠지
나는 눈물 속에 감추어진 사랑이 두려울 뿐
당신의 기억을 어루만진 지워지지 않는 영혼을
이젠 기다리지 않으리.

이별의 방식들

일몰을 허락해준 키 작은 나무 아래
마른꽃잎 넘어가는 소리, 툭 툭
지쳐 돌아서는 너의 숨소리가 나무와 거리를 두고
입술자국만 남은 새처럼 울고 있다.

푸석한 기침을 뱉어내듯 색 바랜 상처가
어느새 긴 커브 길에 끌려나와
지나가던 햇살처럼 무성하게 덮고 있는데

먼저 눈물을 보이지 않겠다며
갈라진 시간은 하염없이 지나가고
몇 해의 삶이었던가 하늘을 올려보던 순간에

서성이는 나의 눈빛은
견디기 힘든 한 계절을 다시 보내길 원치 않지만
기대어 앉은 저 불빛은 눈을 멀게 하겠지.

여기 이 자리 시체처럼 뒹구는 몸뚱이가
눈물 흘리며 기억하는 건
따뜻했던 손끝을 지켜보던 어둠뿐
그 어디쯤 너를 놓아줄 기다림은 없겠지.

아, 노을 속 기다림이 눈부시구나.

강물 위에 걸린 연(鳶)을 보다

긴 의자에 홀로 앉아 노을을 보는 늙은 남자
낯선 시선처럼 강물 위에 걸린 너를 본다.

세상을 보는 기호를 잊은 지 오래되어
간절함이 없는 울음처럼
질펀하게 너는 젖고 있구나.

강둑에 부는 바람이 무심히 너를 흔들고 있지만
소통의 끈을 놓아버린 너는 제 무게마저 힘겨워
아득하게 터져 오르는 비명도 없다.

샛길에 잦아드는 긴 침묵을 밟으며
수직과 수평으로만 지어진 보잘 것 없는 빌딩들은
끝도 없이 저 강을 떠돌지만
드문드문 앉아서 우는 새들은
눈을 감고 있는 너처럼
자기 그림자를 따라 흔들리는 빛들을 쫓고 있다.

살아가는 것을 잊은 늙은 남자처럼
날아오르는 것을 잊은, 너의
굳게 다물어진 입에선 소리가 나지 않는다.

눈雪의 소묘

모든 것은 희디 힌 살로만
내려앉아야 하는가 너는

말없던 나뭇가지에도
곡절도 한숨도 없이
공터로 남아 있던 골목에도

빛 뿌리며 누워있는 죽음 위에
흰 꽃으로 쌓인다 너는

캄캄하게 녹아버린 눈물처럼
헉헉거리는 입김처럼
거역할 수 없는 침묵의 시간들

날고 있는 너는
우주공간 저 편에서
천근만근 무게를 이동시켜
한 겹씩 한 겹씩 정적을 쌓고 있구나.

여보세요

언제든지 너를 부를 수 있는 나는
무선의 전파를 타고
너 있는 어느 곳에 침입을 한다.
—여보세요

궁금해 하지 말라고 너는 늘 나에게 말하지만
나는 아랑곳없이 너에게 가는 번호를 누르고 있다.

나는 너에게 앞마당에 핀 봄꽃에 대해 말하고 싶었는데
너의 전화기에서는 오늘도 부재중 알림만 흘러나오는데
집요하게 너를 부르는
—여보세요

무슨 연유로 낮술을 마신 날에는
한때는 사랑이었던 널 부르는
—여보세요

벽에 대한 불온不穩한 이야기

 눈을 뜰 수가 없는 무덤 같은 천장을 두 동강내어 벽의 껍질을 벗겨 내었다. 벽 속에는 무거운 돌들이 수 천년 동안 산을 이루고 있었다.

 한 때 왕이었던 공룡들의 알이 부화되기를 기다리며 기약 없는 세월을 벽 속에 던져 놓았다. 벽 속에는 푸른 나무가 그를 읽고 있다. 그의 눈빛, 그의 몸짓 하나까지도 기억되고 있었다.

 폐허 같은 날이 계속되어도 벽은 그에 대한 기억들을 지우려 하지 않았다. 그는 알 수 없는 실체에 이끌려 어느 날 벽의 기억을 갉아먹기로 한 적이 있었다. 그러나 겨울비처럼 한 무리의 기억들이 감옥을 만들고, 그와 벽 사이에 부서진 유리조각에 그의 눈빛을 담아 감옥 속에 몰아 세웠다. 그는 벽 속에서 불구가 되어 갔다. 벽은 스스로 음모를 키워 갔으므로 그는 우울증에 걸리지 않기 위해 쾌락의 뜨거운 숨결을 느끼고 싶어 했다.

 그가 충실한 하인처럼 기억을 잃어 갈수록 벽에 매

달린 꽃들이 벽 앞에 줄지어 서 있는 사람들, 그들의 입 속으로 사라진다.

    그는 벽 속에 유통될 수 없는 욕망의 새끼를 낳기로 했다. 지금 그의 벽 속에선 그의 새끼들, 공룡 알이 되어 부화되고 있다.

제2부

젓가락에도 상처가 핀다

어떤 잠

어디서든 몸을 구부려 잠을 자는 사내가 있지.
빈 몸에 바람을 잔뜩 불어 넣어, 훨 훨
아무도 없는 빈방을 지키는 차가운 햇살 속에
갇혀버린 영혼이 간밤에 내린 함박눈에 젖어버린

구부린 잠 속을 파고들며 허공을 맴돌던 울음들이
길고 긴 시간을 만들어 몸부림치게 하는 지금
한 때의 꿈이 돌아눕는 시간
방안 가득 바람이 차다.

저 오랜 기다림의 서러운 잠을 지키는 낡은 불빛들
사내가 누워있는 쇠잔한 바닥 위에
고요하게 눈이 내린다.

바람이 분다.
꺾인 붉은 꽃처럼 잎 떨어뜨리는
사내의 깊은 잠,

잠 속을 빠져 나오지 못하는 비명

두려워마라, 천천히 젖어가는 삶이여.

사랑을 잃고

그 길에서 사람들은 낡은 유행가를 남기고
나는 사랑을 잃고 떠나갑니다.

이따금씩 세상은 나를 향해 측은한 눈빛을 보내고,
어둠이 깊게 파고든 그 길에는 반짝이는 빛들이
내 허리 곳곳에 파편으로 남습니다.

찢어진 몸은 슬픔조차 기웃거리지 않는 캄캄한 거리에
욕지기를 삼키며 묻어 두었습니다.

사람들은 거리에서 피를 흘리며 정사精事를 치르고
새벽이 오고 나서야 집으로 돌아갑니다.

추억하는 것은 이미 아무런 상처를 달래지 못한다는 것을 알아버린 후
거리에 선 사람들의 울음이 정적에 휩싸입니다.

사막의 일상에 대한 기억

무덥고 긴 여름 내내 뙤약볕 사막을 오르며 그대 더 갈 수 없는 그 끝이 막막하구나. 사막이 부서진다. 숨겨 두었던 수분을 토해내며 모래들이 꽃을 피워낸다. 그대 온몸으로 모래들과 한 덩어리 되어 엉금엉금 지나갈 때면 말라붙은 샘 주위로 가시덤불 부서져 흰 꽃들이 네 어깨 위로 옹기종기 모여 비애는 기어코 숱한 생채기 속으로 밀쳐 버리는구나. 마른 숲을 뒤적이는 색 바랜 꽃잎들 끝내 사막을 건너며 울었다. 햇볕은 꽃대를 할퀴며 그대 가는 길에 닿을 때마다 심한 공복감을 씹으며 조금씩 울기 시작한다. 갈라진 사막 속에서 그대 또 다른 사랑을 꿈꾸었을까. 너는 노래하리라. 지나간 자리마다 고요한 밤들이 얼어붙어 죽음의 그림자 하늘에 가득 차올라도 아아, 그대 또 다른 사랑을 꿈꾸리라.

산에서 저수지를 만나다

산으로 가는 길에 보란 듯 너는 있다.

정지된 물결이 푸석한 몸뚱이를 비틀며
생애生涯를 삼키는 컴컴한 수평선에서
손바닥처럼 작은 잎들이 그늘을 만들어
짙은 속을 벗어버리듯
초록의 유리병을 닮은 너는 무엇이든 잠재우고 있다.

어린 날의 나를 가두었던 노을처럼
붉은 꽃 사이에 버둥거리며 쏟아지는
너의 방백은 사라지고

처음부터 목적 없이 산을 헛도는 사람들은
이 산의 적막을 지키는 네 속의 깊이를
아무도 만지려 하지 않는다.

흐르는 것을 잊어버린 울부짖음의 파편들이

산 빛을 잘라낸 낯선 비명을 가두는 동안도
새들은 풀어진 물살을 건너지만

흔들리지 않는 투명한 배경 속으로
자꾸만 꺼져 들어가는 울음이
가늘게 허공을 두드리는 소리 같아서
귓가에 달라붙는 깊은 날들이 우두커니 너를 들여다본다.

도시는 낮달을 버리고 있다

울지 않는 유령 같다.

흐릿한 형체만 남아서
건물들 한 줄로 서 있는 뒤 끝에
낮달은 격렬했던 도시의 창을 뚫고
층층이 올려진 계단을 밟고 있다.

계단마다 텅 빈 고요가 버섯처럼 숨어 있다.

낮달이 지나는 동안 꽃은 꺾이고
떨어진 꽃잎 속에선 오랜 상처로 남아있는
젖은 혓바닥들이 쌓여 간다.

축축한 입술이 노랗게 물들어 있고
제 육신을 베어 먹는 영혼 속으로
흩어진 그림자들 천천히 잠들어간다.

이미 도시에 익숙해진 낮달은
쓸모없어진 햇빛에 쫓기며
더 이상 죽음을 유린하지 못한다.

도시는 창문을 닫는다.

낮달은 허망하게 소멸을 노래할 것이다.

모든 움직임은 태연히 어둠속으로 빨려들고
가엾은 몸부림은 수많은 생채기 속에
낮달을 가두고 입을 다문다.

도시 속엔 더 이상 반짝이는
달은 떨어지지 않는다.

사마귀의 뱃살은 곡선을 긋고 있다

사마귀 한 마리 유리를 사이에 두고
내 눈에 알을 낳고 있다.

내 꿈은 유리 속에서 굴절되고 있는데
뼈마디 마디를 두드리며
식어가는 몸으로 알을 낳고 있다.

눈 감은 나는
잊었던 슬픔을 기억해 내지 못하고
바람은 소용돌이처럼 부풀어 오르는데
풀어 헤쳐진 허공으로 너는 푸른 잎새처럼 알을 쌓고 있다.

유리 속으로 들어가 푸른 상처를 재우는 이가 있다
이 유리 속에 화석처럼 잠들면 되는 거지요?
알이 부화되기 전에 너의 다리는 욕망을 잃어 가겠지.

네가 자랐던 불룩한 뱃속에
견딜 수 없는 삶들이 자꾸만 투명한 물을 붓고 있다.

유리에 갇힌 사마귀
진처리치며 바람을 떠먹고 있다.

젓가락에도 상처가 핀다

낯선 얼굴의 식구들이 앉아 식사를 한다.
허기를 나르는 밥상 위에
나는 없고 날렵한 혀에 미끄러지는
말들이 젓가락을 움직인다.
원을 자르는 직선 위에서
젓가락의 폭소를 따라가는 나는 투명인간이다.
살갗이 드러난 나비처럼 허기를 나르는 사선을 따라
물결처럼 별이 떠도는 동안도 식구들은 입을 맞추고
속살을 숨겨 놓은 우울한 꽃들이
젓가락 속에 씨를 뿌리고 있다.
밥상 위에 잘린 혀들이 쌓여가고
날카로운 소리들이 입 속에 뒹구는 동안
입을 벌린 접시 위에 나는,
증발하는 빛들을 골라 놓는다.

소리는 틈을 만든다

지상의 끝을 향해 달리는 길 위에
공허하게 날아오르는 소리가
빛 위에 걸려 있다.

부유하는 소리와
출렁이며 내려앉는 소리 사이에서
흔들리지 않는 틈을 본다.

작지만 거대한 소리들이 멀리 날지 못하고
둥글게 말아 올려진 소리로 환하게 웃는다.

비밀을 가진 소리가 하얀 빛을 바라보며
흔들리지 않는 틈을 만들고 있는데

멈추어지지 않는 소리는
날아오르는 문을 잃어버린 틈이다.

슬픔으로 가득할 고요한 사랑의 기억들

죽은 자를 몰고 가는 지상의 마지막 노을 속
푸른 바람이 갯벌에 묻힌다.

하루 종일 가졌던 수많은 초라한 생각들이
언제나 경계도 없는 방향 속으로 날아오르고
내가 기억하는 나의 사랑은
늘 무서운 죽음 위에 서있다.

지금은 갯벌에서 흘러나오는 바람소리를 듣는 시간
흔들리며 어두운 골짜기를 따라나선
쩍쩍 갈라지는 차가운 바람과
아흔 아홉 개의 죽음을 이야기 하는 시간.

이제 저 마른 갯벌엔 누군가 읽어줄 울음도 없다.
네가 가졌던 사랑의 이데올로기는
이제 저 검은 갯벌에 묻어야 하지.

슬픔으로 가득할 고요한 사랑의 기억들
이 삶은 허무한 사랑만이 견뎌낼 수 있지.

나 이제 못 다한 사랑을 위해
더는 울지 않으리.

횟집을 지나다

    아파트 사이를 비집고 들어선 횟집엔 제사장이 살고 있습니다.
    은빛으로 물들여진 검劍을 휘두르는 그에게
    우수수 떨어지는 작은 낙엽들
    콧노래를 따라 가라앉는 흐릿한 멜로디가 멈추면
    꽃으로 차례차례 오르는 긴 생애

    삼삼오오 모인 손님들로 붐비는 식당 한곳엔
    저울에 몸을 달고 있는 우럭 한 마리
    마지막 남은 힘을 털어내듯 몸을 뒤틀고 있습니다.

무게에 따라 그 삶은 값이 매겨지고
소주 몇 잔과 곁들여지는 생애를
누군들 알겠어요.

나 언제 저렇게 힘겹게 몸을 뒤틀어 보았나
아무리 생각해봐도 언뜻 떠오르지 않으니

내 삶의 무게는 얼마인지
내 삶의 값은 얼마인지
허기진 어깨만 자꾸 무거워 집니다.

어느 날, 물소리를 들었다

팽팽하게 늘어선 강둑을 적시는 여름날의 물소리
울음도 견뎌온 창백한 서러움 되어
아우성치듯 아픈 소리로 흩날렸던 몸속으로
잠들 수 없는 밤을 남겨두고 떠나가네.

하늘이 멈추어버린 석양 속에서
서서히 강을 밝히는 환한 무늬를 만들며
물소리는 저리도 깊고 쉼 없이 운명을 읽고 있다.

삶을 베이는 두려움이 물소리로 들이치면
텅 빈 바람 되어 적막으로 가라앉는
그립고 소란스러웠던 슬픔은
서로의 몸에서 초라하게 갈라진다는 것을
눈물 없이 깨닫게 되겠지.

물위를 떠도는 불행한 고통들
어떤 위로도 없이

흩어져가는 알갱이로 물속에 가라앉는데
보란 듯 내 옆을 파고드는
불온한 시끌픔들이 소리를 내고

먼발치에서 다가오는 풍경으로
꽃 위에 쌓여가는 별빛을 마시면
그리움을 노래하며 잎을 적셨던 물소리
상처를 두려워했던 수많은 밤을 이겨내며
서러운 달빛 시드는 속삭임으로 잠든다.

못난 청춘의 밤

어둠 속에 서 있는 나를 본다.

아무 일도 일어나지 않은 오늘은 기억하지 마라.
서서히 울기 시작하는 무감각한 표정의 얼굴이 심하게 역겨운 어둠 속
알지도 못하는 수없이 많은 사람들이 흘러와서 흘러가고
일상은 흐르는 물처럼 바뀌지 않는데
일상은 늘 누군가를 기다리다 지치는 것

폐허 속에 서 있는 벽을 두드리며 돌아오는 사람
허공에 던져지는 무수한 의문들은 곧 알게 되겠지.
투명하게 일렁이는 인생은 아직 진행 중이니까
아름답다. 그래 아름답다고 말해
그래, 정말 아름답지 않니.
말을 하니까 정말 아름다워 왜 난 그걸 몰랐을까.

자꾸만 웃음이 나온다. 하얗게 쏟아지는 저 별을 봐
나 지금 , 하하 웃고 있지 않니.

못난 내 청춘의 밤이다.

빛은 차단되지 않는다

유리琉璃로 만든 사각의 방에 나는 갇혀 있다.
방은 낯선 빛에 젖고
시간이 오고, 지상의 어느 선명한 빛이
푸른 길을 뚫고 있다.

나를 훔쳐보는 빛은 어둠이 내려도 차단되지 않는다.

더운 공기가 내 숨결을 몰아가는 동안
빛은 나를 조각내어 미세한 입자들 속에 던진다.

나의 생존 게임은 이제부터 시작된다.
나를 향해 쉬지 않고 달려드는 내 안의 빛이
정결하지 못한 내 몸을 뚫고
시간 속으로 들어간다.

분해되지 않는 내 몸에는 빛이 없다.

튀어 오르는 느린 시간의 빛을
이제는 내게서 잊어 버려야 한다.

시간을 향해 서 있는 내 몸이
천천히 빛을 깨트리고 있다.

내 속엔 빛이 없다.

나무가 서있는 곳에서

옹이가 박힌 몸으로 비탈에 선 나무들
바람이 숨어드는 숲속 곳곳에서
고요하게 작은 꽃을 피워가지만
긴 밤을 견뎌야 하는 깊이 박힌 뿌리는
흔들리는 붉은색 가지를 붙잡고 누워만 있다.

먼저 꽃피우며 쓰러져간 저 나무들
오래된 상처는 반짝이는 초록의 그림자를 흔들어
겹겹이 바람을 막아선다.

저렇게 뿌리까지 꺾여져 간 저 높은 곳의 나무들
짙은 그늘 속에 몸을 묻고
모래 구릉 같은 숲의 끝을 이해할 수 있을까.

상처가 깊을수록 나무는
꽃들이 필 동안 비밀스러운 통로를 닫고
우듬지의 잎들을 흔들어 상처를 달래겠지.

말해다오, 나무를 쓰다듬는 바람소리 깊어도
뿌리 깊은 나무는 홀로 자유로울 수 있는지.

나무 사이에서 잎들은 부서지다 혼자 떠나는지
바람이 불어도 숲은 조용하다.

길이 끝나는 곳에서부터 어둠은 맞물리고
늘 그 자리 어둠이 파편처럼 떠다니는 숲을 뒤척이다 숲의 나무들 이 산 어디에 뿌리는 더욱 깊어지겠지.

제3부

거울 속에는 익사한 사람들이 있네

무게를 다는 아침

죽음처럼 길었던 밤을 털어내고
유령같은 빈 존재를 벗어던지는 잠을 깨면
텅 비어 있는 하루 일과를 채우기 위해
비워 있는 만큼의 무게를 단다.

느슨해졌던 몸뚱이가
가냘 퍼진 파편으로 날아오르는 순간
이겨내지 못했던 허무한 욕망들은 무게를 늘려가겠지.
아무도 떠나지 못했던
기다리다 지친 하루의 깊이를 위해
깃털이 하얀 새들은 푸른 잎사귀의 이름을 알려 주겠지.

허공에 찾아오는 헛된 눈물들
알아볼 수 없을 만큼의 시들해진 시간을 붙잡고
저물어버린 색 바랜 해는 잠자는 빛이 되겠지.

멀리서 보이는 당신과
낯선 고통을 이야기 하며
나의 몸은 조금씩 소멸해 갈 것이다.

오래된 침묵으로
한쪽으로 기울어진 의자에 내려앉은
고요한 무게는 꿈꿀 때마다 쌓여가는 슬픔을 알지 못할 것이다.

습관처럼 지나가는 그리운 날들을 붙잡고
투명했던 시간을 보내고 집으로 돌아가는 길 위에
눈 감으면 부서져 내리는 지루한 무게를 달아본다.

불빛의 시간들

어제와 다른 불빛이 바다에 저물고 있다.

한때는 마음 한곳을 따뜻하게 비추던 불빛이었지만
오늘은 도시의 신기루처럼 남아서
붙잡을 수 없는 별을 바라보듯 혼란스럽게 하고 있다.

좁은 길을 따라 춤을 추던 불빛들
저 길 끝에는 완벽한 어둠이 있다.
도망치지 않는 어둠에 맞서며
틈이란 틈은 다 비집고 들어간다.

저 불빛은 눈을 멀게 하고 있다.

나쁜 꿈을 꾸게 하는 저 불빛들

너를 부정했던 빛들이

또다시 너를 부정하는 빛들을 낳고

꽃대가 구부러진 늙은 해바라기처럼
누군가는 빛나고 있는 너를 잊었다 하고
잊었던 어둠을 피해서
먼 길 가는 동안 적막했던 어둠은 잊을 거라고

저 불빛에 마음을 잃지 않겠다고
너는 가만히 눈을 감고 있는데

스스로 흔적을 지우는 불빛들 그 꿈을 들여다보고 있다.

그 마음이

돌아서 보면
텅 빈 몸을 두드리는 눈물이
꿈을 기다리던 모습 같았고

쓸쓸한 풍경 속으로 이어지는 뒷모습에
그 푸른 눈빛으로
밤이 오고 가는 것을 떠올리며
기다리라고 그토록 외쳤던
그 마음이 다 닳았기에

아득한 별의 소리를 들으며
나의 귓속으로 들려오는
조각난 파도가 바다를 모르는 것처럼
이렇게 운명은 삼켜지지 않는데

불가피한 죽음은 없겠지만
온몸의 떨림으로 잠들지 못하는

수척하게 구겨진
견디기 힘들게 남아 있는 눈물이

먼저 사라져
강에 묻힌 물고기를 씻겨내는 별빛처럼
죽은 이를 보고 울지 못하는 절망을

한 겹 한 겹
의미도 없이 깨어나는 꿈을 던져 버리면
누더기 같다 그 마음이.

거울 속에는 익사한 사람들이 있네

 그리하여, 꽃들은 권태로부터 벗어나기 위해 장미 숲 깊숙이 숨겨진 샘을 찾아 몸을 담그는 것이었다. 몇 시간 동안이고 꽃들은 샘에 빠져 스며드는 사라진 별들의 전설을 듣고 있었다. 꽃들은 푸르고 금빛 나는 물 위의 그림자가 차디차게 얼어붙는 것을 보지 못했다.

 나의 사랑스러운 나르시스여
 당신의 몸 안에서 나는 첫사랑의 열병을 보았네.
 새벽하늘별처럼 타오른 당신을 찬양하기 위해
 얼어붙은 호수에 어린 양처럼 몸을 던졌네.
 내 생은 이제 깨달음을 얻겠지.

 아파했던 운명은 잊어도 되리라.
 싸늘하게 식어가는 그대 눈빛이
 지상의 마지막 걸음일지라도
 서서히 타오르는 그대를

저 호수에 바치리.

아, 나는 호수에 불을 질렀네.
세상의 끝에 서서 쓸쓸한 눈을 감추고
불꽃 속에서 춤을 추네.
나의 육신은 당신처럼 활활 타오르며
눈 녹은 물이 흘러드는 투명한 호수에 갇히네.

몸살의 기억

흐린 창문을 달고 있는 침대 위에 나는 누워 있네.

부스러지는 햇살을 끄집어내는 문틈으로
얇아진 시선이 우뚝 서 있고

부유하는 먼지들 사이로
몸을 뚫고 나오는 비릿한 삶이
날아오르는 새처럼
익숙한 듯 생을 읽고 있지만

혼자 걸어가는 발자국위에
슬퍼지는 그림자만 달라붙는데

미세한 신경을 자르는 저 적막들은
먼 길을 돌아온 아픔으로
묵묵히 허공을 덮치고 있네.

아직도 살아내고 있는 나의 뒷모습 사이로
헛헛하게 던져지는 굳어진 얼굴은
저 침묵의 풍경 속에 아팠던 기억만 남기고 있는데

숨을 죽이며 기다렸던 시간은 이제 묻어둬야지
때론 살아 있다는 것이 아픔이 되겠지만

삶을 다그치는 일상이 저기 사라져 가네.

어항 속 거북이

물기가 마르지 않은 입을 다물지 못하고
너는 나에게 왔다.

가두어진 몸으로 허공을 떠돌던 수척해진 너의 눈은
결코 잠든 적 없이 안개를 헤치며
바람처럼 꿈틀대는 침묵들을
밀었다 넣었다 건조한 환각을 그리고 있다.

나는 날마다 먹이를 던져 주었고
너는 고요처럼 누워서 그 자리만 돌고 있다.

다시 오지 않을 슬픔을 떠올리지 않아도

너는 어둠을 향해 난사되는 빛들을 네 안에 가두었고
굴절되는 빛들이 살을 후벼 파도록 기다렸다.

가늘어진 다리가 터진 살갗을 드러내고
너의 서글픔에 대해 생각해 볼 때
너는 어둠 속에서 표류하는 초승달을 모으고 있다.

길들여지지 않는 너는
너와 나 사이에 돌아오지 않는 빛을 달고 있다.

해지기 전

낯선 비밀인양 쫓기듯 떠나버린 거리에서
멀리 보이는 죽은 나무의 창백한 기억을 흔든다.

아파했던 그 사람이 보고프다.

숨을 쉬지 않고 버텨보지만
하루는 나와 상관없는 풍경으로 지나간다.
부질없이 매달렸던 기억하나가
용서받을 수 없는 오늘이 될지도 모르겠다.

오늘이 지나면,
오늘 만큼의 내 영혼도 사라지듯
나는, 나의 영혼을 믿지 않을 테다.

봄빛처럼 날아오르는 환멸의 냄새
나의 서러운 저녁은 노을빛에 걸려있는데
그 사람의 울음이 멀어져간다.

낙타가 사막을 건너 예수를 만나러 간다

  한 사람을 실은 낙타가 왔다. 한 사람이 낙타에서 내려 또 한 사람 옆을 비스듬히 지나갔다. 비가 내려요. 내 발 밑에 웅덩이를 파고 우르릉 우르릉 비가 내려요. 한 사람이 지나갔다. 당신의 관은 어디 있나요. 한 사람이 말한다. 방금 한 소녀의 관을 짜고 왔어요. 그 관은 이미 낙타에 실려 보냈어요. 뚜껑이 없는 썩은 나무로 짠 관은 오래된 시체를 불러 모을 거예요. 절룩거리며 사막을 건너는 시체를 보아요. 당신의 이름이 여기서 불리기를 원하나요. 태초부터 동쪽에서 올라온 태양이 지금 막 서쪽에 지고 있네요. 당신의 그림자는 어디 있나요. 흐린 등불을 켜주세요. 여기엔 오아시스는 없어요. 한 사람이 몸을 모래에 던지며 말한다. 내 주검을 싣고 갈 낙타가 없으니 제발 저를 찾지 말아 주세요.

> 누가 살아서 죽음을 보지 아니하고 그
> 영혼을 음부의 권세에서 건지리이까.
> [시편 89:48]

엘리베이터 안에서

그토록 빠져나가려 했던 욕망을 안고
엘리베이터에 오른다.

문이 닫히는 순간부터
운명은 수직으로 떨어지기 시작한다.

숨을 쉴 수가 없을 것 같은 순간들이
아주 오래된 침묵처럼 스쳐간다.

어디까지 가야 하는 것일까.
어두운 내 몸 속
온갖 장기들을 비틀어 짜며 거꾸로 일으켜 세우고
있다.

이제는 잊어버려야 하는 걸까.

몸에 박힌 이빨들을 뽑아내며

엘리베이터는 지하의 문 앞에 차갑게 서 있다.

비는 길을 지우네

지난겨울 산에 갇혀있던 나무들
다시 뿌리를 내리며 젖고 있는 숲에 갔었네.

빗방울들 툭툭 마른 잎에 부딪지만
비에 젖는 것은
썩지 못해 쌓여 있는
잎새만이 아니었네.

빗속을 뚫고 내 남겨 놓은 이 옹색한 악몽을 찾아 갈 때
뿌옇게 떠돌던 안개는
비에 섞여 오랜 동안 걸어 왔던 길을 하나하나 지우고 있다네.

지난겨울 이 숲은 유난히도 추웠지
윤기를 잃고 함박눈 펑펑 맞으며 얼었던 길은
춤추는 빗속에 폭포처럼 쏟아지고

푸른 꽃대를 단 나무는
꽃잎이 떨어져야 속잎이 난다 것을 알기에

떨어지는 꽃잎을 위해
울어줄 눈물이 내게 남아있느냐고
지워지는 길 위에
나는 집요하게 길을 만들고 있네.

봄바람에 꽃잎 흩날리고

봄바람은 꽃잎이 흩날려서 좋다고
아버지 소주 한 잔 걸치시면 마루에 걸터앉아
애꿎게 앵두꽃 흔들며 하늘만 바라보시더니

뜬금없이 내 성깔 죽어가는 것은 봄바람 때문이라고
온몸 열어 꽃그늘을 가슴에 새기더니

봄바람에 꽃잎 흩날리는 저 풍경 속으로
술기운에 불러보는 잊혔던 당신의 노래

하필이면 봄에 지는 꽃과 같이 가셨는지

나 오늘 문득,
봄바람 부는 마루에 누워 그 노래 불러본다.

도라지꽃을 파는 여자

도봉산역 지하도에 가면 도라지꽃 파는 여자 있지.

계단을 따라 내려가는 오후엔
하얗게 쏟아지는 도라지꽃으로
지나는 발길을 붙잡는 여자

가볍게 발길을 옮기는 행인들 속으로
한 무더기의 꽃을 던지는 여자
빼곡하게 쌓여진 꽃잎을 어루만지며
부풀어 오르는 꽃 향으로
언제나 몸을 떨게 했던

나 물끄러미 그 꽃을 따라갈 때
서툰 말투로 하얀 꽃잎 내게 건네주던

내게 저렇게 환한 빛을 전해주는 도라지꽃을 파는 여자

처음 그 자리를 위한 기도

모든 시간이 정박해 있는 지금
나는 돌아가야 한다.

나를 기다리는 썩은 잎과 나뭇가지들 뒤엉켜
고요히 가라앉은 어둠 속 낭떠러지
모든 고통이 태초의 모습으로 잠자고 있는
처음 그 자리
산맥을 자르는 절벽을 가로질러
바람 속에다 나의 영혼을 맡기리.

이곳에서의 기다림은 끝이다
죽음은 수직으로 내려오고
푸른 잎을 가진 나무는
생생한 소리만 달고 흔들릴 뿐
나는 돌아가야 하지 않는가.

아무 말도 하지 않아도 되는 밤이 그립다.

들판에 널려있던 쑥부쟁이 꽃도 다 지지 않았던가
지는 해가 붉은 노을로 유혹한다.

너무 늦었음을 깨닫기 전에 고립된 시간을 부수어야 한다.
살랑이는 봄바람이 멈추어버린 태초의 그 지점으로
나는 돌아가야 한다.

어머니 긴 팔로 나를 끌고 흰 꽃이 잠든
절벽을 향해 가네.

겨울나무를 위하여

바람 소리를 달래어 감추어 놓았던 몸인데
눈보라 속에 알몸으로 갇힌 나무들
푸른 숲의 황홀한 춤은 끝나 버렸네.

깊이 뿌리박고 키웠던
모든 노래들은 헛된 바람이였네.
이제 오래도록 이 산은 굶주린 짐승들의
발자국만 다시 기억 되겠지.

폭설이 쏟아져 길이 지워지면
투명하게 빛나는 겨울 산엔
계곡물도 삼켜지지 않을 테지만
눈이 녹기를 기다리는 동안
나무는 딱딱한 껍질을 잠재우며 제 몸을 잊겠지.

괜찮다는 거짓 울음처럼
이제 겨울 산엔 문을 잠가 버린 고요한 시간들만

가득한데
 우우, 울어대는 손끝이 하얀 죽음 같은 나무들
 같은 무게로 묻힌 어둠이 허무한 맹세처럼 불타고 있네.

흐드러진 너처럼
−개망초 꽃

바람 끝이 아득하여 슬퍼하듯이
허공을 붙잡은 여름 산길에 너를 가두고
헐거운 햇살 눈 비비며 소나기 쏟아지는데

철지난 한 무더기의 꽃잎들
힘겹게 안개를 뱉어내듯
몇 개의 발걸음들이
지독한 슬픔을 내던지고 있다.

하얀 꽃잎 툭툭 차며
당신은 떠나가고
숨 고르던 꽃잎을 위해
아무도 보아주지 않았던 비명 같은 푸른 고요는
울음 꽃 피어나는 능선들 사이에 숨죽이고 있는데

기억을 지워버린 기다림은

오래되면 눈물까지 마른다고
나를 가두고 또 가두어도

바람 속을 날지도 못하는
하얀 꽃잎 위의 그리움이
흐드러진 너처럼
여름 한낮을 달구고 있다.

고양이가 있는 숲

어미를 잃은 새끼 고양이 한 마리
가시나무 우거진 산에서 어미를 부른다.

바람에 감꽃은 지는데
빈집처럼 텅 빈 산에서
허기진 배를 부풀려 어미를 부른다.

침묵으로 돌아오는 메아리를 남기며
숲을 헤매는 쉰 목소리
너를 두고 갈 수 없어
어둠을 서성이는 골짜기의 메아리

떨어지는 꽃잎 속으로 파고드는 작은 몸뚱이가
저 혼자 살아갈 시간 위에 멈춰 선다.

가벼운 몸을 밀어 올리며
아픈 흔적을 지우려 하지만

이미 세상엔 너의 몸은 숨겨져 있다.

발을 동동거리던 소녀들도 보이지 않는데
빽빽한 어둠을 끌어당기는
너의 목소리는 너울너울 숲을 넘고 있다.

제4부

망각忘却의 형식

개미를 보는 풍경으로

 푹신한 소파 깊숙이 몸을 담가두고 있는데
 익숙한 걸음으로 나를 타고 오르는 개미를 본다.

 언제부터 나의 다리가 집으로 가는 길이었는지
 아니면 내 몸 어디쯤이 먹이 보관 장소라도 되는 건지
 가벼운 허구가 각질을 뜯고 있다.

 저무는 저녁을 달래어 내 몸은
 언제나 별을 꿈꾸고 있는데
 악착같이 달라붙어 나를 파고드는 유령처럼
 독한 냄새를 맡으며 어슬렁거리며 들어오는 너는
 고독한 더듬이가 내 몸의 가시를 뽑고 있다.

 내 몸은 언제나 적막인데
 날카로운 눈빛을 앞세워 나를 몰아세우는 너는
 미세한 공기를 휘저으며 새 길을 만드는

침묵하는 어둠 같다.

나의 등뼈 깊숙이 불멸의 시간을 만들어라
여기는 네가 살아갈 자리가 아니지만
말할 수 없는 기억의 순간들을 위해
내 몸을 터지는 꽃처럼 부풀려다오.

망각忘却의 형식

혼돈의 시간이었다 하자.
나무의 생생한 숨결은 미쳐가고
너덜해진 젖은 몸들이 꽃잎 지는 저녁처럼 꺾이어
지는

헛되게 보낸 쓸쓸한 걸음은
알 수 없는 모욕의 밤이 두려워
울음소리조차 내지 못했었지.
그물에 갇힌 불길하고 황량한 풍경이
살아가는 모든 시간을 빨아들이고 있다.

뒤돌아보지 말아야 한다면서
쓸모없는 노력이 내 탓은 아니라고
저 숲의 바람은 어디서 불어 왔는지.

궁금해 하지 않아도
아득히 다가오는 궁핍한 갈피들

잠잠하던 망각은 뉘우침도 없이
미치도록 슬픈 밤을 만들겠지.

돌아갈 준비를 다 하지 못한 가슴을 껴안고
게으른 울음을 터드릴 때에

낙엽 흩어지는 석양아래를 배회하듯
멈추어진 그날 발자국을 뒤돌아보아도

저곳 굽은 길을 돌아갈 시간이 내겐 이미 없다는 것을

바람에 흔들리는 착각의 시간을 보아도
세상을 그리워하는 노래가 귓전을 맴돌아도

이토록 깊은 슬픔을 말하지 마라.
그 시간은 이미 잠들었다.

여름, 소나기

뜨거움이 비를 몰고 온다.
비가 오면 두통이 사라진다.

슬픔이 아닌 비를 몰고 왔기에
하얀빛을 내뿜는 비에게 노래를 들려준다.

어두워지기 전에 너의 마음을 믿은 적이 있다.
헝클어진 시간으로
오래된 이야기 같은 마음은
병이 들어도 눈물을 흘리지 않겠지.

여름 소나기에는 슬픔이 숨겨져 있기에
소리 지르며 깨어나는 꿈처럼
마음이 단순해진다.

나무에서 자라는 소리가 구토를 한다.
신비한 공간들이 수많은 물줄기가 될 줄은 몰랐다.

닿을 수 없는 공간인 채
하염없이 내리는 비가
아무렇지도 않게
슬픔도 없이 꽃이 진 자리를 만져본다.

기억을 잃지 않으려는 눈빛들이
돌아오지 않는 소나기를 끌어당기고 있는 여름 한낮이다.

섬을 보았네

꽃술을 끌어안고 바다로 이어지는 섬을 보았네.
누군가의 한숨처럼 해독될 수 없는
거울 같은 바닷물이
당겨도 열리지 않는 오래된 문을 가지고
버려진 네 몸을 부르고 있다네.

혼자 견뎌내는 안개의 빛으로 이어진
허파만을 가진 살아있는 주검처럼
그 몸속에는 불타는 힘줄이 자라고 있다네.

하염없이 쏟아지는
공허의 울부짖음이
밤이고 낮이고 완강하게 섬을 끌어당기고 있지만
말하지 마라 대지의 꿈을
존재의 표피에 이끼처럼 달라붙어 있는
절대적인 비애처럼
얼마나 멀리 그 슬픔의 몸을 던질 수 있을까.

닿을 수 없는 빛이여.
섬의 속박을 풀어줘라.
알을 깨트려 신을 향해 날아가는 새처럼
차가운 욕망을 버려야 한다고, 섬은
네 몸을 부르고 있다네.

꽃그늘을 지우는

잠들지 못하는 몸을 이끌고
비가 오는 강을 따라 나선다.

사과꽃을 떨구는 빗물이 죽은 강을 만들고 있다.

강물에 빠져 허우적대는 꿈을 꾸었지
엄마를 애타게 불렀지만 대답은 없었다.

자꾸만 가라앉는 내 몸속을 파고드는 그리움이
떠나기 전 괴로워했던
집마당에 우두커니 서 있던 엄마를 불렀지.

엄마는 늘 나무를 심었지.
빗물에 떠내려가지 않게 흙을 단단히 얹으며
엄마는 웃고 계셨지.

엄마 이제 나무는 심지 마세요.

오늘도 비를 맞는 강江은 꽃그늘을 지우고 있지.

별들이 쏟아지는 저쪽
―청암사에 가면

 늙은 나무들 바람 뚝뚝 떨어내며
외마디 기침으로 천 개의 문을 세우건만

그토록 오랫동안 닫아 두었던
썩어 넘어진 붉은 숲속의 문은 제 속살 안에
슬픔 안은 누이를 풀어내고 있다.

누런 배춧잎 쓰러져 뒹구는 밭들이
작은 숨결들 차곡차곡 모아
오래된 계곡의 풍경소리로 잠들며
별들이 쏟아지는 저쪽

잠들지 못한 황후의 혼을 달래려
가파르게 햇살 무너진 이 계곡 한가운데
종소리 감춰 두고 싶구나.

죽음이 느릿느릿 지나간다
−로드킬의 슬픔

하루치의 어둠이 새벽길 위를 파고드는 안개의 시간
두려움이 존재하지 않는 무감각한 걸음으로 오라.
바닥에 엉기는 강렬한 불빛은 두려워하지 말고.

물컹한 죽음을 빛 속에 던지는 순간
울음도 없이 빛바랜 꽃잎은 너울너울 떨어지는데
세상을 치받는 성난 눈동자가 바닥을 차고 오른다.

울부짖지 마라 너의 이름은 기억하지 못하겠지만
저 으르렁거리는 달빛에 꽃을 던져두지.
아직 하지 못한 말들은 고요한 세상에 새겨 넣을게
이봐, 너의 삶은 어땠니?

너의 죽음은 이제
아무도 돌아오지 않는 달빛 속에 있지.
흩날리는 쓸쓸한 하얀 꽃잎처럼 말이야.

봄, 목련꽃에 대하여

겨울을 달래어 잎보다 먼저
우듬지에 꽃 피우는 저건 목련 나무다.

흰 잎에 이슬 맺혀
어둠이 패이도록 눈물 쏟아 부우며
달뜬 밤이면 몸을 바꾸어
꽃 피우는 그 순간
세상은 눈물겨워라.

꽃잎 한 겹에 업을 낳아서
알몸으로 달뜬 밤 울어도
짧은 사랑 내 처음 알았던 꽃

사랑이 봄 햇살 속에 울고 있네.

쇠를 두드리다

고요한 몸으로 쇠를 두드리는 그를 본다.

오래 두드리지 않아도 쇠는 쉽게 제 몸을 버린다고
그의 작은 망치가 가볍게 허공을 가른다.
쇠와 쇠가 맞닿는 순간
얼음처럼 투명해지는 몸을 열어젖히고
무성하던 상처들은 내밀內密한 언어를 만든다.

몸에서 용솟음치는 노래여.
부서지지 않으면 단단해질 수 없다고
안에서 쩡쩡 울리는 소리만이
쇠를 다스릴 수 있다고
욕망을 두드리는 그의 사지가 바람을 베어내고 있다.

손톱 깎기

텅 빈 허공을 따라
마른 주검이 눈부시게 날린다.

하얀 햇살처럼 잘려진 주검들이
젖은 소리를 내며 튀어 오른다.

둘둘 말린 몸속을 파낸 주검은
낡은 소리를 만들고 있다.

꿈을 꾸지 않아도
각질의 주검을 잘라내야
투명하게 굶주린 생은 다시 자라겠지.

적막이 깊어도 혼자 울지 못하는 시간을 잊기 위해
죽음은 또 자라겠지.

묻지 않아도 어둠에 휩쓸려 내려앉는 별처럼

앙상한 흰 뼈에서 흰 꽃이 피어나고
아득히 찢어지는 울음이 들려도
죽음은 잘려나가기를 기다리겠지.

사막의 별들은 어디로 갔을까

지난 새벽 서쪽하늘에 부풀어 오르던 투명한 별들은 어디로 갔을까.

불길한 밤이었다.
능선을 떠돌던 작은 빛들이 하나둘 바람의 말을 하기 시작했으나
밤새도록 별을 찾던 소년은 제 몸에 출렁이는 바람소리를 듣지 못했다.

불멸의 밤을 보내는 고독한 시간과
점점 잔인해지는 초라한 기억이
하늘에 바치는 기도 소리들과 겹치는 곳

아직도 소년은 기억하고 있겠지.

바람의 소리만 들어도 그리워지는 것이
누군가 나를 기다리지 않아도

슬퍼해야할 밤하늘의 별은
어둠의 강으로 떨어지고 있다는 것이겠지.

울지 않아도 된다는 것을 알았을 때
그동안 그리워했던 흔적들은 흩날리는 꽃잎이 되어버렸고

버림받은 운명이 어른거리는
푸른 창가에 서서 잠들지 못하던 소년을
그대는 지금도 기억하겠지.

봉숭아 꽃잎

햇볕 쨍쨍하던 여름 내내 햇살 뒤집어쓰고
뿌리의 깊이에 따라 잎은 팽팽하게
초록의 꽃대에 끊임없이 꽃술 만들더니

세상의 밤과 낮을 눈을 감은 채 잠들다
주홍빛 꽃잎 달은 너는 한숨 쉬듯 씨앗을 터트리고 있다.

손톱에 꽃물 들이고 싶다고
칭얼대는 내 어린 누이의 소망도 잊은 채
바스스 부서져 내리는 그 꽃잎

먼지

살빛 향기 서로 당기며
눈 내리는 밤

누군가 깜깜한 어둠 속에
고요하게 살아
억 겹의 세월을 두고
팽팽하게 쌓여가는

창 앞에 바람처럼 흔들릴 때
보이지 않는 속삭임 같은 가녀린 상처가
말없이 돌아서 간다.

|해설|

비극적 일상의 고행

―정원근 시집 『젓가락에도 상처가 핀다』 읽기

오민석(문학평론가, 단국대 명예교수)

I.

니코스 카잔차키스Nikos Kazantzakis의 『영혼의 자서전』을 읽다 보면 욕망과 예술, 그리고 철학과 신성 사이에서 피 흘리는 가엾고 위대한 한 영혼의 내면이 아주 가까이서 보인다. 그는 한때 니체를 따라가다가 바그너에게도 심취했는데, 그것은 바그너에게서 '예술만이 유일한 구원'이라는 매력적인 화두를 만날 수 있었기 때문이었다. 카잔차키스가 꽂힌 바그너의 문장은 다음과 같다. "예술은 삶을 재현시키는 과정에서 삶의 가장 무서운 양상들을 아름다운 그림으로 바꿔놓음으로써 우리에게 위안과 환희를 줍니다." 너무 아프고 심지어 무섭기까지 한 삶의 풍경을 '아름다운 그림'으로 만드는 것은 분명 예술의 기적 같은 힘이다. 그 힘은 그렇다고 해서 '행복한 망각'을 유도하는 연꽃(호메로스『오디세이아』에 나오는 연꽃 먹는 사람들 이야기 참조)이 아니다. 예술의 아름다움은 현세의 도리와 책임을 다 잊자는 것이 아니라 새롭게 경험하자는 것이다. 그러자면 반드시 예술만이 할 수 있는 '아름다움'의 창안이 필요하다. 그런데 어떤 예술엔 아름다움의 스펙트럼을 뒤로 밀어내면서 삶의 무서운 풍경을 그 자체로 미학화하려는 시도도 있다. 내겐 프란시스 베이컨F. Bacon의 그림들이나 조엘-피터 위트킨Joel-Peter Witkin의 사진들이 그렇다. 베이컨의 붓끝에서 푸줏간의 고깃덩어리로 변한 인간은 그 자체 끔찍한 현실이면서 새로운 아름다움이다. 영안실의 시체나 절단된 신체를 화면에 끌어들여 인간의 죽음과 에로티시즘, 고통을 독특한 방식으로 그려낸 위트킨의 사진은 예술의 아름다움이 때로 '끔찍한 현실을 견디는 과정'일 수도 있다는 사실을 알려 준다.

 이런 이야기를 서두에 꺼내는 이유는 이 시집이 처음부터 끝까지 슬픔, 울음, 상처, 허공, 죽음, 눈물의 기표를 무슨 전략처럼 노골적으로 전경화하고 있기 때문이다. 정원근 시인은 이 아픔과 고통의 기표를 감추거나, 빗대거나, 은유하거나, 환유하지 않는다. 그는 이런 것들을 애써 '아름다운 그림'으로 만들려 애쓰지 않는다. 그는 장식도 없이 눈물을 눈물이라 말하고, 슬픔을 슬픔이라 부르며, 허공을 허공이라 말한다. 그는 마치 베이컨의 고깃덩어리나 위트킨의 기형적 신체같이 슬픔과 절망을 있는 그대로 뱉어낸다. 그가 이런 정동들을 별다른 수식도 없이 밖으로 끄집어내는 것은 그것들이 말 그대로 현실 자체의 물성物性이라고 생각하기 때문이다. 그는 사막의 수도사처럼 장식을 지운 채 슬픔이나 고통을 정면으로 마주 보며 견딘다. 그는 그가 견뎌야 할 것이 무엇인지 정확히 안다. 그에게 시 쓰기란 일종의 고행이고 수행이다.

그대 기억 속의 사막은 허구였네. 그대 만나기 위해 나는 햇살처럼 가볍게 쇠북을 두드리며 사막을 찾았는데. 헐거운 몸을 비비며 그대는 치욕에 쫓기고 있었지. 나를 기억하지 못하는 그대는 돌아오지 않고. 잃어버린 그대 몸에는 불타버린 꽃잎만 떨어져 쌓이고 있네. 사방으로 날리는 욕망의 깃털들은 그대의 사막에 힘겹게 방울만 흔들고 있네. 나는 홀로 그대가 미워지고 모래바람은 길 잃은 자들의 상처가 되어 가고 있네.

    소멸되는 도시 속 공포에 젖은 푸른 기억은 어디 갔는가. 이제 그대가 앉아 있는 콘크리트 바닥의 붉은 피는 속 깊은 강으로 흘러 더 이상 절망에 울지 않겠지. 이 도시 어디에도 그대의 사막은 없네.

잊어도 좋으리. 붉은 사막은 허구였다고.
    ─「그대 기억 속의 붉은 사막은 허구였네」 전문

  두 주체가 존재한다. 한 주체는 사막을 찾는 주체인 "나"이고, 다른 주체는 허구인 사막 속에 있는 "그대"이다. '나'는 '그대'를 만나기 위해, 사막을 찾아갔지만, 그대는 그곳에 없다. 그대의 사막은 "붉은 사막"이다. 붉은 사막은 수도의 장소가 아니라 도식 속 욕망의 공간이며, 그대는 "콘크리트 바닥"에 앉아 있으면서 그곳을 사막이라 착각하고 있다. "이 도시 어디에도 그대의 사막은 없"다. 그대 기억 속의 붉은 사막은 붉은 몸의 도시이다. 그대의 몸엔 "불타버린 꽃잎만 떨어져 쌓이고", 그대는 나를 기억하지 못하며 돌아오지도 않는다. 진짜 사막을 찾는 나는 이렇게 해서 완전히 혼자가 된다. 그렇지만 내가 갈 곳은 허구인 '붉은 사막'이 아니다. 그런 사막은 "잊어도 좋"을 것이다. 나는 치욕도 욕망도 허락하지 않는 다른 사막을 찾을 수밖에 없다. 사막은 근원적인 고독, 고립, 그리고 단절의 공간이다. 사막은 붉은 욕망을 죽이는 공간이며 그런 점에서 시련과 시험의 공간이다. 그곳에 새로운 출구가 있는지 확신할 수 없지만, 시인은 절대 고독의 공간에서 자신과 대면하기를 원한다. 이 시 속의 나와 그대는 내 안에 있는 두 주체일 수도 있다. 나는 붉은 욕망과 탈욕망의 사막을 동시에 열망한다. 화자인 내가 붉은 욕망에 사로잡힌 나를 허구라 읽는다.

나를 버린 컴컴한 숲을 둘러싸고 있는 안개처럼
문안은 은밀히 나를 기다리는 꿈인가
멈추지 못하는 어둠이 흐르는 이곳의
반짝이는 검은 빛이 창백하다.

팽팽히 당겨진 문을 밀치고
 문틈을 파고드는 미세한 욕망들 격렬히 요동치는데

고요한 어둠 속에 만들어 놓은 길은

끊임없이 나를 괴롭히리라.

어쩌면 내겐 길이 없을지도 모르는 일

나는 절대 스스로 문을 열고 나가지 못하리.

─「문을 버리다」 부분

 사막이 외부의 감옥이라면, 이 시 속의 "문안"은 내부의 감옥이다. 사막 속의 고립을 지향하든 문안의 닫힌 공간을 지향하든, 화자가 자발적 유폐幽閉 상태를 지향한다는 점에서는 큰 차이가 없다. "문안은 은밀히 나를 기다리는 꿈인가"라는 대목은 오히려 문안이 화자의 무의식이 욕망하는 공간일 수도 있음을 암시한다. 화자는 외부에서 문을 밀치고 "격렬히 요동치"는 "미세한 욕망들"을 피해 문안으로 들어와 있기 때문이다. 문제는 이 '안'이 "끊임없이 나를 괴롭히리라"는 예감이다. "어쩌면 내겐 길이 없을지도 모르는 일"이라는 자가 진단은 자발적 무력감의 표현이고, "나는 절대 스스로 문을 열고 나가지 못하리"라는 말은 희망의 완전한 단절을 확신하는 표현이다. 시인은 구원이나 해방의 가능성이 전혀 없는 밀폐의 공간에 화자를 집어넣고 문을 닫는다("문을 버리다"). 이 지독한 절망과 길 없음의 의식이야말로 이 시집을 관통하는 정동이다.

2.

정원근은 이 시집의 어느 곳에서도 이 지독한 슬픔과 절망의 원인이나 기원을 설명하지 않는다. 프란시스 베이컨도 마찬가지이다. 그는 인간을 왜 푸줏간의 고깃덩어리로 환유했을까. 베이컨도 설명하지 않는다. 예술가에게, 말하고 싶은 것과 말한 것 사이의 관계를 설명할 의무는 없다. 예술가는, 예술적 자극을 주는 어떤 대상을, 말하고 싶은 어떤 방식으로 말할 뿐이다. 그리고 이 출발 언어와 도착 언어 사이에는 그야말로 '예술적인' 암시 혹은 연결점이 있을 뿐이다. 예술의 소비자들은 이 암시에서 아름다움을 느끼거나 확진할 수 없는 징후를 상상하며 예술을 경험한다.

> 죽은 자를 몰고 가는 지상의 마지막 노을 속
> 푸른 바람이 갯벌에 묻힌다.

하루 종일 가졌던 수많은 초라한 생각들이
언제나 경계도 없는 방향 속으로 날아오르고
내가 기억하는 나의 사랑은
늘 무서운 죽음 위에 서있다.

지금은 갯벌에서 흘러나오는 바람소리를 듣는 시간
흔들리며 어두운 골짜기를 따라나선
쩍쩍 갈라지는 차가운 바람과
아흔 아홉 개의 죽음을 이야기 하는 시간.

이제 저 마른 갯벌엔 누군가 읽어줄 울음도 없다.
네가 가졌던 사랑의 이데올로기는
이제 저 검은 갯벌에 묻어야 하지.

슬픔으로 가득할 고요한 사랑의 기억들
이 삶은 허무한 사랑만이 견뎌낼 수 있지.

나 이제 못 다한 사랑을 위해
더는 울지 않으리.
−「슬픔으로 가득할 고요한 사랑의 기억들」 전문

"매독 같은 가을, 그리고 죽음"이 "마비된 한쪽 다리에 찾아온다"며 "모든 사물이 습기를 잃고/ 모든 길들의 경계선이 무너진다"던 최승자(「개 같은 가을이」) 이후 나는 이렇게 절망의 극점에 가 있는 시를 거의 본 적이 없다. 약간의 암시가 있다면 정원근의 절망은 어떤 과거의 기억과 연관되어 있다. "내가 기억하는 나의 사랑은/ 늘 무서운 죽음 위에 서 있다"는 구절과 "못 다한 사랑" 같은 구절도 그런 실마리를 제공해 준다. "네가 가졌던 사랑의 이데올로기"라는 과거 설명의 구절도 마찬가지이다. 앞에서 인용했던 "그대 기억 속의 붉은 사막은 허구였네"라는 제목의 시도 타자인 '너(그대)'와의 과거를 전제로 하고 있다. 물론 이 시집 속의 모든 '너'는 시적 화자인 '나'의 다른 자아일 수도 있다는 것을 전제로 하는 말이다. 문제는 그런 것들이 과거의 기억임에도 불구하고 여전히 현재의 '나'를 지배하고 있다는 사실이다. 화자는 하루 종일 자신이 "수많은 초라한 생각들"에 빠져 있었으며 그런 생각들이 "경계도 방향도 없는 방향"으로 날아오른다고 고백한다. 화자는 이런 기억 이후에도 '죽음'의 정동에서 벗어나지 못하고 있다. 죽음

정동이 모든 것을 전적으로 지배하므로, 그리고 너무 슬프므로, 화자는 "이제 저 마른 갯벌엔 누군가 읽어 줄 울음도 없다"고 말한다. 기억 속의 사랑은 "슬픔으로 가득"하고 이런 삶을 견뎌낼 수 있는 것이 이제 "허무한 사랑"밖에 없다고 말하기란 얼마나 고통스러운 일인가. 시인은 이제 그 못다 한 사랑을 위해 더는 울지 않겠다고 다짐하지만, 이것은 누가 보아도 다짐에 불과하다.

> 낯선 얼굴의 식구들이 앉아 식사를 한다.
> 허기를 나르는 밥상 위에
> 나는 없고 날렵한 혀에 미끄러지는
> 말들이 젓가락을 움직인다.
> 원을 자르는 직선 위에서
> 젓가락의 폭소를 따라가는 나는 투명인간이다.
> 살갗이 드러난 나비처럼 허기를 나르는 사선을 따라
> 물결처럼 별이 떠도는 동안도 식구들은 입을 맞추고
> 속살을 숨겨 놓은 우울한 꽃들이
> 젓가락 속에 씨를 뿌리고 있다.

밥상 위에 잘린 혀들이 쌓여가고

날카로운 소리들이 입 속에 뒹구는 동안

입을 벌린 접시 위에 나는,

증발하는 빛들을 골라 놓는다.

―「젓가락에도 상처가 핀다」 전문

  고립과 소외의 실존은 사회적 관계에서도 예외가 아니다. "낯선 얼굴의 식구들"이라는 역설이 그것을 보여준다. 화자는 자신을 "투명인간"이라 부른다. 식탁에서의 자연스러운 대화("폭소")에도 화자는 끼지 못한다. 식구들 사이에서조차 화자는 철저하게 비존재의 존재이다("나는 없고"). 나머지 식구들이 입을 맞추는 동안에도 화자의 젓가락엔 "속살을 숨겨 놓은 우울한 꽃들"이 씨를 뿌린다. "잘린 혀들", 입속에 뒹구는 "날카로운 소리"들은 단절과 갈등의 기표들이다. 표제작이기도 한 이 작품은, 고립과 소외와 갈등이 개체의 내면뿐만 아니라 사회적 관계에서도 일상화되어 슬픈 "상처"를 만드는 풍경을 그리고 있다.

3.

  정원근 시인은 왜 이렇게 절망과 슬픔과 좌절의 정

동을 끝까지 몰아붙일까. 그는 왜 자신을 사막과 내면의 감옥으로 내몰까. 그는 왜 사회적 관계 속에서도 '투명인간'인 화자를 내세울까. 그는 왜 자꾸 길이 없다고 고백하며 문을 닫을까. 내가 볼 때, 정원근은 예술이야말로 그런 절대 고독, 절대 슬픔과 대면하며 견디는 미적 형식의 하나라고 믿는 것 같다. 그리고 그 도도한 절망은 그의 내면에 있는 예술가적 유토피아 욕망의 크기를 거꾸로 보여주는 것이기도 하다. 유토피아의 창이 커질수록 현실은 더욱 꾀죄죄해진다. 보들레르의 말처럼 시인은 지상에 유배된 구름 위의 왕자(「알바트로스」)이므로 지상의 결핍을 아름답고 수치스럽게 견디는 것도 시인의 임무이다.

한 사람을 실은 낙타가 왔다. 한 사람이 낙타에서 내려 또 한 사람 옆을 비스듬히 지나갔다. 비가 내려요. 내 발 밑에 웅덩이를 파고 우르릉 우르릉 비가 내려요. 한 사람이 지나갔다. 당신의 관은 어디 있나요. 한 사람이 말한다. 방금 한 소녀의 관을 짜고 왔어요. 그 관은 이미 낙타에 실려 보냈어요. 뚜껑이 없는 썩은 나무로 짠 관은 오래된 시체를 불러 모을 거예요. 절룩거리며 사막을 건너는 시체를 보아요.

당신의 이름이 여기서 불리기를 원하나요. 태초부터 동쪽에서 올라온 태양이 지금 막 서쪽에 지고 있네요. 당신의 그림자는 어디 있나요. 흐린 등불을 켜 주세요. 여기엔 오아시스는 없어요. 한 사람이 몸을 모래에 던지며 말한다. 내 주검을 싣고 갈 낙타가 없으니 제발 저를 찾지 말아 주세요.

> 누가 살아서 죽음을 보지 아니하고
> 그 영혼을 음부의 권세에서 건지리이까.
> [시편89:48]

―「낙타가 사막을 건너 예수를 만나러 간다」 전문

 시인은 다시 단절과 유폐와 고독의 사막에 있다. 그가 사막에 와서 만나는 것은 낙타와 "한 사람"들이다. 이 시에서 '한 사람'은 단수가 아니라 복수이다. 그 사람들은 낙타를 타고 지나가거나, 낙타에서 내리며, 화자의 "발 밑에 웅덩이를 파고", 관을 짜며, 관을 나른다. 낙타와 이 사람들을 관통하는 정동은 죽음이다. 이들은 화자에게 "사막을 건너는 시체"를 보라고 말하며, 이 죽음의 공간에서 이름이 불리기를 원하느냐고 묻는다. 이곳엔 죽음 외에 다른 출구가 없다. 이 시에서 낙타는 사막을 안전하게 건너는 수단이 아니라 죽음을 운반하는 도구이다. "내 주검을 싣고 갈 낙타가 없으니 제발 저를 찾지 말아 주세요"라는 주문은 죽음조차도 거부당하는 역설의 죽음-공간을 보여준다. 인용한 성경 구절은 죽음을 경유하지 않고 영혼의 구원에 이를 수 없는 절실한 상황을 가리킨다. 그럼에도 불구하고 이 시의 출발어가 죽음의 사막이라면 도착어는 '예수 만나기'라는 사실에 주목해야 한다. 사막과 예수 사이에 존재하는 것은 어떤 것의 너머를 향한 고통스러운 기다림과 견딤의 시간이다. 정원근의 시들은 절망의 끝에서 이런 시간을 건드리는 미적 형식들이다.

절망이 진짜 절망일 때, 슬픔이 진짜 슬픔일 때, 그것들은 수식을 거부한다. 수식을 거부한 날것의 아픔을 그 자체 미적 형식으로 제시하는 것도 예술의 한 존재 방식이다. 이런 형식은 주로 세상의 바닥을 경험한 예술가에게서 나온다. 정원근은 절망과 아픔과 슬픔을 내면화하지 않는다. 거꾸로 그는 무의식의 상태에 있는 아픔조차도 밖으로 꺼내놓는다. 그는 어둠의 심연이 아니라 백주에 절망의 구석구석을 보기를 원한다. 여기에 정원근의 건강함이 있다. 그는 아픈 상처를 햇빛에 꺼내놓고 맞짱 뜨고 있다.